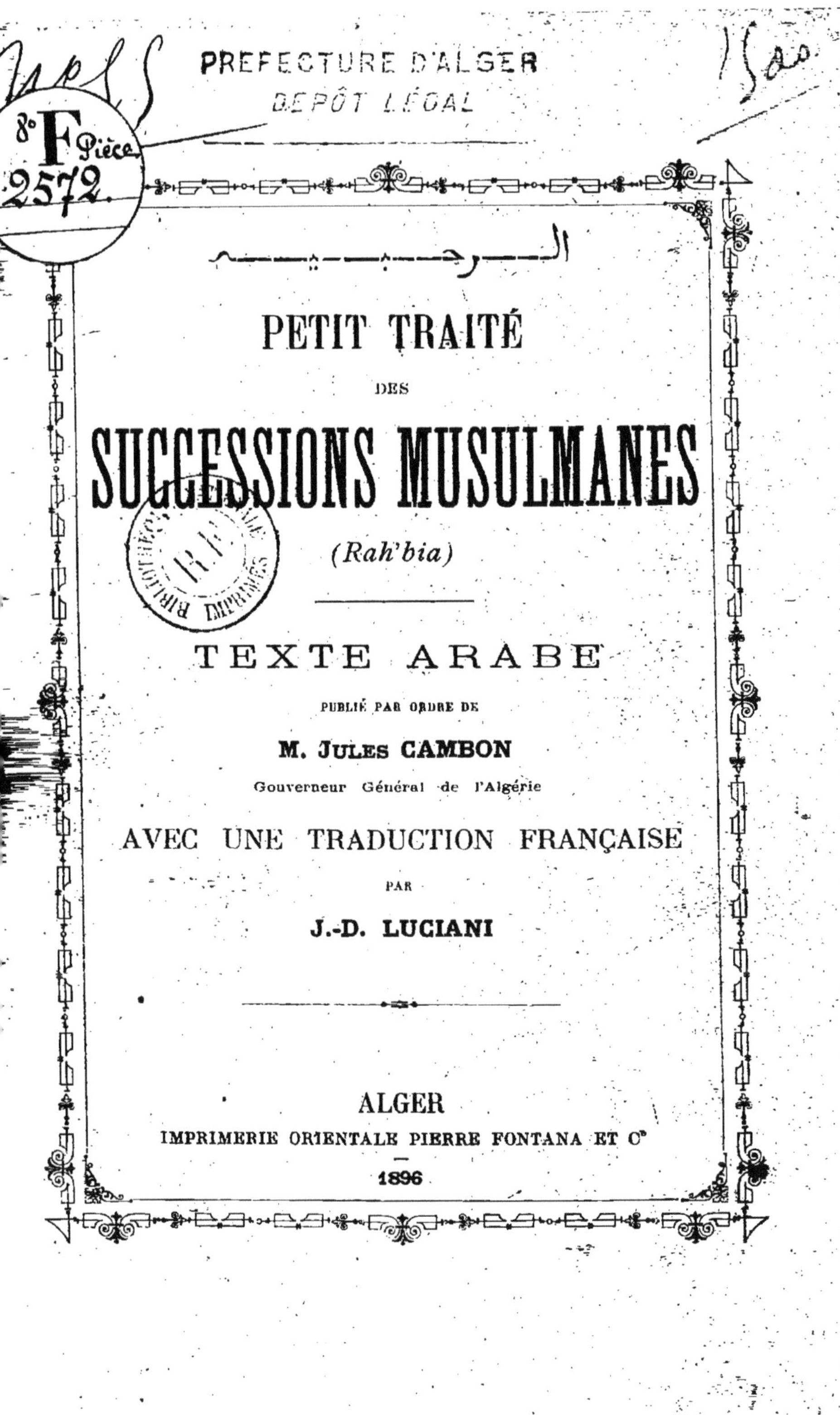

الرحبية

PETIT TRAITÉ
DES
SUCCESSIONS MUSULMANES

(Rah'bia)

TEXTE ARABE

PUBLIÉ PAR ORDRE DE

M. JULES CAMBON

Gouverneur Général de l'Algérie

AVEC UNE TRADUCTION FRANÇAISE

PAR

J.-D. LUCIANI

ALGER
IMPRIMERIE ORIENTALE PIERRE FONTANA ET Cie
1896

الـــرحـــبـــيـــة

PETIT TRAITÉ

DES

SUCCESSIONS MUSULMANES

(Rah'bia)

TEXTE ARABE

PUBLIÉ PAR ORDRE DE

M. JULES CAMBON

Gouverneur Général de l'Algérie

AVEC UNE TRADUCTION FRANÇAISE

PAR

J.-D. LUCIANI

ALGER

IMPRIMERIE ORIENTALE PIERRE FONTANA ET C^o^

1896

PRÉFACE

Il n'est pas d'ouvrage sur l'ensemble du droit musulman qui ne consacre un chapitre à la question des successions. Mais, en raison de son importance et de sa complexité, le régime successoral fait en outre l'objet de nombreux traités spéciaux, au premier rang desquels se place *la Rah'bia*.

« L'auteur de *la Rah'bia* est l'imam Abou Abdillah « Moh'ammed ben Ali ben El H'osseïn, surnommé Ben « Tiqna. C'est ainsi qu'il est désigné dans *la Loulou a* « et dans d'autres ouvrages. D'après les notes d'El- « Bermaoui, sur le commentaire de Sibt, son aïeul aurait « porté le nom d'El H'assen et non celui d'El H'osseïn. Il « y est dit également que l'auteur de *la Rah'bia* était sur- « nommé Ben Mouaffiq Eddin. Ces diverses indications « sont toutes admissibles et n'ont rien de contradictoire. « Dans le commentaire de Nebtiti, et dans d'autres com- « mentaires, l'auteur est désigné sous le nom de Ben Ali « ben Moh'ammed ben Ah'med.

« Le surnom de Rah'bi est un qualificatif dérivé de « Rah'ba. Dans le Qamous ce mot a plusieurs significa- « tions. C'est le nom d'un village de Syrie, d'un centre « de la province d'El Yamama, et d'un quartier de Bagh- « dad. Il est dit également dans le Qamous : Les Beni « Rah'ba forment une fraction de la tribu de H'imyar.

« Les Beni Rah'ab sont une fraction de la tribu de Ham-
« dan. On ignore à laquelle de ces origines se rattache
« l'auteur de *la Rah'bia.* » (Glose d'El Badjouri).

Le commentaire de Moh'ammed ben Moh'ammed Sibt El Mardini (Le Caire, 1303-1886) contient le passage suivant : « L'imam Abou Abdillah Moh'ammed ben Ali ben Moh'ammed ben H'osseïn Errah'bi, connu sous le nom de Ben Mouaffiq Eddin, était originaire de Rah'ba, une localité de la Syrie. Le Cih'ah' d'El Djouhari mentionne les Beni Rah'ab, territoire situé dans la tribu de Hamdan. Peut-être l'auteur de *la Rah'bia* était-il de ce pays. »

Le dictionnaire bibliographique de H'adji Khalfa (Kechf Eddhounoun) mentionne *la Rah'bia* dans les termes suivants : « *Faraïdh Errah'bia,* poème en vers du mètre radjaz, nommé par l'auteur *Bour'iat El Bah'ith.* Un commentaire entremêlé au texte en a été composé par Djelal Eddin Siouti, qui mourut en 911 de l'hégire (1505). L'ouvrage débute par ces mots : « Je ne commencerai cet exposé que par une louange à l'adresse de notre Souverain Maître. » Une autre copie de l'ouvrage débute ainsi : « Louange à Dieu pour les bienfaits qu'il nous a accordés ; puisse-t-il, en échange de cette action de grâces, éloigner de mon esprit l'ignorance. » — Un autre commentaire a été composé par le savant Moh'ammed ben Ah'med ben Moh'ammed ben Moh'ammed Sibt El Mardini, mort en.... » (1).

Il semblerait résulter de ce passage de H'adji Khalfa qu'il a fait mention de la Rah'bia sous le titre de *Bour'iat*

(1) La date est en blanc dans l'ouvrage de H'adji Khalfa. Sibt El Mardini était né en 1428.

El Bah'ith dans son dictionnaire. Mais en recherchant ce titre à son rang alphabétique on constate que la mention n'existe pas. Par contre, on trouve la Rah'bia signalée sous un autre titre : *R'ouniat El Bah'ith*. « Ouvrage en vers du mètre radjaz connu sous le nom de *Faraïdh Errah'bia,* dont l'auteur est Celah' Eddin Youssef ben Abd Ellat'if ben Abd Errah'man Chaféï H'amaoui. Commenté par Abou El Fath' Moh'ammed ben Cheikh Bedr Eddin Moh'ammed ben Ali ben Çalah' ben Athman El Aoufi, d'Alexandrie. Ce commentaire est très développé. Il débute ainsi : « Louange à Dieu qui est un et unique, qui est simple et éternel, etc.... » Il fut composé vers la fin de l'année 883 de l'hégire (1479). Le même ouvrage a été commenté par Abou Abd Allah Moh'ammed ben Ibrahim ben Moh'ammed Selami Chaféi, qui mourut en 879 (1474) : ce second commentaire est intitulé « *Anouar El Bahïa.* »

Le rapprochement de ces deux passages démontre qu'il y a une confusion dans les renseignements fournis par H'adji Khalfa ; et la confusion est rendue encore plus manifeste par les indications concordantes que l'on trouve dans les commentaires de Chenchouri, de Sibt El Mardini, etc....

Dans le texte arabe publié à Londres, en 1782, par William Jones, avec une traduction anglaise, l'auteur de *la Rah'bia* est désigné sous les noms de Mouafliq Eddin Abou Abdallah Moh'ammed ben Ali ben El H'osseïn Errah'bi et le surnom de Ibn El *Moutaqanna*. La forme de ce surnom s'accorde mal avec les règles de la morphologie arabe. Celle de Ibn Tiqna, que donne El

Badjouri, est plus vraisemblable. Peut-être encore faut-il lire Ibn El Moutqana.

Il n'existe, en France, aucune traduction de *la Rah'bia*, à l'exception de celle que j'ai donnée dans mon *Traité des successions musulmanes*, tiré des commentaires d'El Badjouri et de Chenchouri ; mais, par suite du développement des commentaires, cette traduction s'y trouve pour ainsi dire noyée. Elle est présentée ici dans toute sa concision et sous une forme plus utilisable pour les études dans les médersas.

La traduction que je publie aujourd'hui diffère sur plusieurs points de celle qui est contenue dans le *Traité des successions musulmanes*. Cela provient de ce que, dans ce premier travail, qui est une adaptation plutôt qu'une traduction, je me suis préoccupé uniquement de la signification, sans trop m'arrêter à la forme. Ici, au contraire, j'ai tenu à suivre rigoureusement le texte, et à traduire, autant que possible, tous les termes, à l'exception de quelques-uns, véritables chevilles ajoutées par l'auteur pour compléter la mesure du vers, et souvent intraduisibles.

Il m'a paru aussi qu'il était inutile, malgré la brièveté excessive du texte et la difficulté du sujet, d'y joindre des notes explicatives qui auraient rebuté l'étudiant à ses débuts, sans être absolument indispensables, puisqu'il est facile de trouver tous les éclaircissements nécessaires, soit dans les Commentaires arabes, soit dans mon *Traité des successions musulmanes*.

Alger, mai 1896.

J. D. L.

PETIT TRAITÉ

DES

SUCCESSIONS MUSULMANES (1)

(Rah'bia)

I. — Introduction

(S. M., VIII ; B., 14-62)

(1) Ma première parole sera une louange adressée à notre Maître Souverain. (2) Louange à Dieu pour les bienfaits qu'il nous a accordés ! Puisse-t-il, en échange de cette action de grâce, enlever de mon esprit l'ignorance. (3) Ensuite que la bénédiction et le salut soient sur le Prophète qui a fondé la religion de l'islam, (4) Mohammed, le dernier des envoyés de Dieu, ainsi que sur sa famille et sur ses compagnons.

(1) Les chiffres inscrits en tête des chapitres et précédés des lettres S. M. renvoient aux pages de mon *Traité des successions musulmanes*, Paris, Ernest Leroux, 1890. Les chiffres précédés de la lettre B. renvoient aux pages du texte arabe de la *glose d'El-Badjouri*, imprimée au Caire, بالمطبعة الوهبية en 1292-1875. Les chiffres placés dans le texte ou au commencement de chaque paragraphe indiquent les numéros d'ordre des vers de *la Rah'bia*.

(5) Je demande à Dieu de me prêter son appui dans l'entreprise que je vais tenter, d'expliquer (6) les règles suivies par l'imam Zeïd, célèbre par sa science en matière de successions, puisque la connaissance de ces règles est de la plus grande importance. (7) La science est le meilleur but que l'on puisse se proposer, et la meilleure des choses recommandées à l'homme *(auxquelles l'homme soit appelé).* (8) La science du droit successoral, ainsi que cela est à la connaissance de tous les savants, a été particulièrement désignée (9) comme devant la première disparaître de la terre, au point qu'on n'y pourra plus en trouver de trace. (10) Zeïd (ben Tabet), cela est certain, a été distingué entre tous par le dernier des envoyés de Dieu, (11) qui a proclamé son mérite en disant : « Zeïd est parmi vous celui qui connaît le mieux la science des successions. » Ce témoignage suffit. (12) Zeïd mérite donc plus que tout autre qu'on se rallie à sa doctrine, étant donné surtout que l'imam Chaféï l'a adoptée. (13) Voici donc l'exposé succinct de cette doctrine, débarrassé de toute expression énigmatique.

II. — Causes de la successibilité

(S. M. 39-113 ; B. 70-79).

(14) Les causes du droit d'héritage sont au nombre de trois : chacune d'elles confère à celui qui la

possède la qualité d'héritier. (15) Ce sont le mariage, le patronage et la parenté ; il n'existe aucune autre cause de successibilité.

III. — Empêchements au droit de succéder (indignité)

(S. M. 132-174 ; B. 80-96).

(16) L'une des trois conditions suivantes suffit pour enlever à une successible l'exercice de son droit : (17) l'esclavage, l'homicide et la différence de religion. Retenez bien cela, car le doute n'équivaut pas à la certitude.

IV. — Successibles du sexe masculin

(S. M. 180-187 ; B. 96-103).

(18) Les successibles du sexe masculin sont au nombre de dix. Leurs noms sont très connus. (19) Ce sont : 1° le fils ; 2° le descendant du fils, à tous les degrés ; 3° le père ; 4° l'aïeul paternel, à tous les degrés ; (20) 5° le frère, quelle que soit la ligne à laquelle il appartient (germain, consanguin, utérin) ; telle est la règle révélée par Dieu dans le Coran ; (21) 6° le neveu, fils du frère germain ou consanguin. Ecoutez ces paroles dont la véracité n'est pas contestable ; (22) 7° l'oncle paternel ; 8° le cousin, fils de l'oncle paternel ; remerciez l'auteur qui abrège et vous instruit ; (23) 9° le mari ; 10° celui qui

affranchit un esclave et qui en a le patronage. Telle est l'énumération complète des successibles du sexe masculin.

V. — Successibles du sexe féminin

(S. M. 188-192 ; B. 104-105).

(24) Les successibles du sexe féminin sont au nombre de sept ; la loi n'accorde à aucun autre le droit d'hériter. (25) Ce sont : 1° la fille ; 2° la fille du fils ; 3° la mère au cœur tendre ; 4° l'épouse ; 5° l'aïeule ; 6° la patronne ; (26) 7° la sœur, à quelque ligne qu'elle appartienne (germaine, consanguine ou utérine); voilà quels sont les successibles du sexe féminin.

VI. — Réserves déterminées par le Coran

(S. M. 204-207 ; B. 108-112).

(27) Les successibles se divisent en deux catégories : les héritiers à réserves et les héritiers acebs. (28) Les réserves fixées par le Coran sont au nombre de six ; il n'en existe aucune autre. (29) Ce sont : 1° la moitié ; 2° le quart ; 3° la moitié du quart (le huitième) ; 4° le tiers ; 5° le sixième ; (30) 6° les deux tiers qui complètent l'énumération. Rappelez-vous, car celui qui se rappelle l'emporte sur autrui.

VII. — Réserve de la moitié

(S. M. 207-210 ; B. 112-116).

(31) La moitié est la part assignée à cinq héritiers : 1° le mari ; 2° la fille ; (32) 3° la fille du fils, à défaut de la fille ; 4° la sœur (germaine) ; telle est la doctrine admise par tous les docteurs ; (33) 5° après la sœur germaine vient la sœur consanguine. Les quatre dernières ont droit à la moitié quand elles ne viennent pas avec un successible qui les élève au rang d'aceb.

VIII. — Réserve du quart

(S. M. 210-212 ; B. 116-118).

(34) Ont droit au quart de la succession : 1° le mari, quand il y a avec lui des enfants de la femme décédée qui l'empêchent (de recevoir la moitié) ; (35) l'épouse, ou les épouses, lorsque le mari ne laisse pas d'enfants ; c'est ainsi que la règle est fixée (dans le Coran). (36) (Pour le mari comme pour la femme), la présence des descendants par les mâles a la même influence que celle des enfants (du premier degré).

IX. — Réserve du huitième

(S. M. 213 ; B. 118-119).

(37) La réserve du huitième est assignée à l'épouse, ou aux épouses, en concurrence avec des fils ou

des filles de l'époux décédé, (38) ou avec des descendants des fils. Il ne faut pas croire qu'il est indispensable qu'il y ait plusieurs (enfants ou descendants par les mâles, pour que la réserve de la veuve ou des veuves soit réduite du quart au huitième).

X. — Réserve des deux tiers

(S. M. 213-216 ; B. 119-123).

(39) Ont droit aux deux tiers : 1° deux ou plusieurs filles ; (40) 2° deux ou plusieurs filles du fils ; comprenez mes paroles en homme de jugement sain ; (41) 3° deux ou plusieurs sœurs ; c'est la règle universellement admise ; (42) mais seulement quand ce sont des sœurs germaines ou consanguines. Suivez cette règle et vous serez dans le vrai.

XI. — Réserve du tiers

(S. M. 216-227 ; B. 125-132).

(43) Ont droit au tiers :

1° La mère, lorsque le de cujus ne laisse pas d'enfants, ou deux ou plusieurs frères, (44) ou deux ou plusieurs sœurs, (45) ou le fils d'un fils, ou la fille d'un fils ; la réserve de la mère est alors d'un tiers, comme je l'ai indiqué. (46) Une femme laissant pour héritiers son mari, sa mère et son père, la mère a droit au tiers de ce qui reste (après acquittement de la réserve du mari). (47) Lorsqu'un homme meurt laissant une ou plusieurs veuves, la règle est la même (la mère recevant le tiers de ce qui reste après acquittement de la part de la veuve ou des veuves). Ne négligez pas l'étude des sciences.

(48) 2° Deux frères utérins et deux sœurs utérines ; (49) s'il y en a plus de deux, ils ne reçoivent pas autre chose. (50) Les hommes et les femmes se partagent le tiers à parts égales, ainsi que cela est spécifié dans le Coran.

XII. — Réserve du sixième

(S. M. 227-251 ; B. 133-152).

(51) Le sixième est la réserve assignée à sept héritiers : 1° le père ; 2° la mère ; 3° la fille du fils ; 4° l'aïeul ; (52) 5° la sœur consanguine ; 6° l'aïeule ; 7° enfin le frère utérin.

(53) Le père a droit au sixième lorsque le de cujus laisse un descendant. Il en est de même pour la mère, suivant la révélation divine. (54) La règle est la même (à l'égard du père et de la mère) quand il y a un enfant (fils ou fille) du fils, qui joue le même rôle que le fils. (55) La mère a également droit au sixième quand elle concourt avec deux frères (ou sœurs) du de cujus, et de même avec plusieurs.

(56) L'aïeul exerce le même droit que le père, à défaut de celui-ci, (57) excepté : 1° lorsque le de cujus laisse des frères (germains ou consanguins),

parce que l'aïeul et les frères sont rangés dans la même classe ; (58) 2° lorsqu'une femme laisse pour héritiers son père, sa mère et son mari (la mère ne recevant alors que le tiers de ce qui reste après prélèvement de la part du mari, tandis que), avec l'aïeul, la mère reçoit le tiers. (59) 3° Il n'exerce pas non plus le droit exercé par le père, quand le de cujus laisse une veuve, sa mère et son père. (60) Ce qui touche aux droits de l'aïeul venant à la succession avec des frères sera traité plus loin d'une manière complète.

(61) La fille du fils a droit au sixième lorsqu'elle vient à la succession avec une fille du de cujus. Guidez-vous sur cet exemple.

(62) De même, la sœur consanguine (a droit au sixième) lorsqu'elle hérite avec une sœur germaine.

(63) La réserve du sixième est attribuée à une (ou plusieurs) aïeules héritant en vertu d'un lien de parenté (et non de patronage), soit dans la ligne maternelle, soit dans la ligne paternelle.

(64) Le frère utérin (ou la sœur utérine) reçoit le sixième, à la condition expresse qu'il n'y en ait qu'un.

(65) S'il y a plusieurs aïeules du même degré, et qu'elles soient toutes appelées à hériter, (66) elles se partagent le sixième par tête, suivant le mode de partage équitable et légal. (67) Si la plus proche

du de cujus est l'aïeule maternelle, elle exclut l'aïeule paternelle plus éloignée et prend seule le sixième. (68) Si la plus proche est l'aïeule paternelle, il y a deux systèmes, indiqués dans les livres des juristes ; (69) d'après le plus accrédité, l'aïeule la plus éloignée (l'aïeule maternelle) n'est pas exclue. Ce système a reçu l'adhésion de la plupart des jurisconsultes. (70) Toute aïeule se rattachant au de cujus par un ascendant non successible est exclue de la succession. (71) (Dans chaque ligne) la plus proche exclut la plus éloignée, suivant l'opinion générale. Contentez-vous de ceci. (72) Nous avons terminé ce qui a trait aux réserves ; (nous en avons exposé la théorie) sans ambiguité ni mystère.

XIII. — Des Héritiers acebs

(S. M. 254-294 ; B. 153-175).

(73) Nous avons maintenant à parler des héritiers acebs, en termes concis et avec précision. (74) Celui qui, à titre de parent ou de patron, recueille la totalité de la succession, (75) ou qui prend ce qui reste une fois les réserves prélevées, celui-là a la qualité d'aceb qui est la plus estimée. (76) Tels sont le père, le grand-père, l'aïeul du grand-père, le descendant (par les mâles) à quelque degré qu'il soit, (77) le frère, le neveu (fils du frère), les oncles paternels et le maître qui accorde à son esclave la

faveur de l'affranchissement. (78) Tels sont aussi tous les descendants (par les mâles) des successibles qui viennent d'être indiqués. Prêtez toute votre attention à ce que je dis. (79) Le plus proche exclut le plus éloigné. (80) Le frère et l'oncle qui sont unis au de cujus à la fois dans la ligne maternelle et dans la ligne paternelle sont préférés à ceux qui viennent dans une seule ligne. (81) Le fils et le frère confèrent la qualité d'aceb à leurs sœurs. (82) Les sœurs, quand il y a des filles, deviennent également héritières acebs. (83) Il n'y a, parmi les successibles du sexe féminin, aucune héritière aceb (par elle-même), à l'exception de celle qui affranchit un esclave.

XIV. — De l'exclusion

(S. M. 296-316 ; B. 175-187).

(84) L'aïeul est exclu de la succession par le père, dans les trois circonstances où il est appelé à hériter (comme réservataire, ou comme aceb, ou à la fois comme réservataire et comme aceb). (85) Les aïeules maternelles ou paternelles sont exclues par la mère. Cette règle s'applique à tous les cas analogues. (86) De même le petit-fils est exclu par le fils. Ne vous écartez pas de la règle acceptée par tous. (87) Les frères (et les sœurs) sont exclus par les fils, et par l'ascendant du premier degré, suivant ce que nous avons puisé dans le Coran, (88) ainsi que

par les descendants des fils à tous les degrés, qu'il y en ait plusieurs ou qu'il n'y en ait qu'un. (89) Le frère utérin (ou la sœur utérine) est en outre exclu par l'aïeul. Comprenez bien cela. (90) Il est également exclu par une ou plusieurs filles et petites-filles. (91) Les petites filles sont exclues lorsque les filles prennent les deux tiers, (92) à moins qu'elles ne soient rendues acebs par un héritier mâle, petit-fils du de cujus. (93) De même les sœurs germaines, (94) quand elles absorbent entièrement leur réserve (des deux tiers), excluent les sœurs consanguines, dont les larmes forment le seul lot. (95) Mais s'il y a un frère consanguin, il les élève au rang d'aceb. (96) Le neveu, fils du frère, ne confère pas la qualité d'aceb à sa sœur, ni à sa tante (comme le petit-fils).

XV. — Du cas El-Mouchtaraka.

(S. M. 316-325 ; B. 187-192).

(97) Lorsqu'une femme laisse pour héritiers son mari, sa mère, des frères (ou sœurs) utérins ayant droit à la réserve du tiers, (98) en même temps que des frères germains, et qu'ainsi les réserves absorbent l'intégralité de la succession, (99) il faut considérer tous les frères comme des frères utérins, sans tenir compte de la parenté des frères germains dans la ligne paternelle (*considérez leur père comme un caillou jeté à la mer*). (100) On partage

donc le tiers de la succession entre (tous) les frères (sans distinction). Tel est le cas qu'on nomme El-Mouchtaraka.

XVI. — Concours de l'aïeul avec les frères

(S. M. 327-362 ; B. 193-214).

(101) Ainsi que nous l'avons promis (v. vers 60), nous allons parler de l'aïeul et des frères. (102) Prêtez-moi donc toute votre attention et recueillez soigneusement mes paroles. (103) L'aïeul (concourant avec les frères) occupe diverses situations que je vais vous indiquer successivement. (104) Il concourt à parts égales avec les frères lorsque le concours ne tourne pas à son préjudice. (105) Il prend donc tantôt le tiers entier de la succession, si le concours lui donne une part inférieure à ce tiers, (106) quand il n'y a pas d'héritiers réservataires. Cela est suffisamment explicite. (107) D'autres fois, il prend le tiers de la portion laissée disponible par les réserves. (108) Cela se produit lorsque le concours avec les frères ne lui assure qu'un émolument inférieur au tiers du reste, à cause du grand nombre des frères. (109) D'autres fois encore il prend le sixième de la succession ; c'est le moins qu'il puisse recevoir. (110) En concours avec des sœurs du de cujus, il a la même part qu'un frère (le double de la part d'une sœur) et la même influence (il élève la sœur au rang d'aceb) ; (111) Cependant il ne réduit pas (du

tiers au sixième) la réserve de la mère qui conserve le tiers de la succession. (112) Il faut compter (seulement) les frères issus du même père que le de cujus (germains et consanguins), et négliger les frères utérins (qui ne concourent pas) avec les aïeuls. (113) Il faut ensuite traiter les frères comme on les traiterait s'il n'y avait pas d'aïeul. (114) Les neveux fils des frères sont exclus par les aïeuls, suivant une règle équitable et d'une évidente justesse (*a*).

XVII. — Du cas nommé El Akdaria

(S. M. 363-368 ; B. 215-220).

(115) La sœur n'a jamais droit à une réserve quand elle vient à la succession avec l'aïeul, excepté s'il y a, outre la sœur et l'aïeul, (116) le mari et la mère. Sachez-le, car, dans un peuple, l'homme le plus parfait est celui qui est le plus savant. (117) Ce cas est nommé El Akdaria et mérite d'être connu. (118) On attribue à la sœur la réserve de la moitié et à l'aïeul celle du sixième, ce qui a pour résultat de modifier, par réduction proportionnelle, la base de répartition. (119) Mais une fois la répartition ainsi opérée (les deux parts de la sœur et de l'aïeul sont confondues en une seule masse) qui est partagée entre eux (à raison d'un tiers pour la sœur et de

(*a*) Ce vers ne se trouve pas dans toutes les éditions.

deux pour l'aïeul), suivant la règle déjà indiquée. Retenez cela et rendez grâces à l'auteur.

XVIII. — Du calcul des réserves

(S. M. 372-391 ; B. 221-243).

(120) Si vous désirez connaître le calcul (des réserves), pour vous guider vers une solution juste, (121) pour arriver à partager une succession, pour déterminer les quotes-parts des héritiers, et pour connaître le plus petit dénominateur (commun aux fractions représentant ces quotes-parts), en même temps que la base de répartition, (122) il faut dégager la base de répartition de chaque cas, et ne pas l'oublier. (123) Les bases de répartition sont au nombre de sept, dont trois peuvent être modifiées par l'âoul ; (124) quatre autres ne subissent aucune modification. (125) Pour la réserve du sixième la base de répartition est 6 ; pour les réserves du tiers et du quart c'est 12. (126) Lorsqu'il y a une réserve du huitième et une du sixième la base de répartition exacte (127) est 24 ; cela est connu de tous les calculateurs. (128) Ces trois bases sont modifiées (élevées à des nombres plus forts), lorsque les réserves sont nombreuses (au point que la somme des fractions est superieure à l'entier). (129) La base 6 s'élève jusqu'à 10 dans un cas bien connu (le mari, la mère, deux sœurs utérines, et deux sœurs germaines ou consanguines). (130) La base 12 s'élève

par nombres impairs jusqu'à 17 (c'est-à-dire à 13, 15 et 17). (131) La base 24 s'augmente d'une quantité égale à son huitième (3). Suivez mes indications. (132) La base de répartition est 2 quand il n'y a qu'un héritier réservataire ayant droit à 1/2 et un héritier aceb prenant le reste, ou deux héritiers réservataires ayant droit chacun à la moitié. (133) Pour la réserve du tiers la base de répartition est 3 ; pour celle du quart, c'est 4 ; (134) et pour celle du huitième, c'est 8. Ce sont là les bases de répartition de la deuxième catégorie, (135) qui ne sont jamais modifiées par l'âoul. Retenez ces règles et recherchez ensuite le plus petit dénominateur commun et faites le partage. (136) Si la base de répartition peut servir de dénominateur commun, il convient de ne pas allonger le calcul ; (137) on attribue à chaque héritier ce qui lui revient dans le nombre de parts indiquées par la base, soit sans réduction (si la base de répartition est demeurée intacte), soit avec réduction si la base a été modifiée par l'âoul.

XIX. — Des quotes-parts

(S. M. 392-408 ; B. 243-270).

(138) Quand le nombre de parts revenant aux héritiers n'est pas divisible (exactement) par le nombre de ces héritiers, il faut suivre la marche indiquée (par les jurisconsultes) (139) et abréger autant que possible le calcul au moyen du facteur commun et de la

multiplication. On évitera ainsi les erreurs. (140) S'il existe un facteur commun, on divise par ce facteur le nombre des héritiers et on multiplie par le quotient ainsi obtenu la base de répartition. (141) Cette règle s'applique aussi bien quand l'indivisibilité n'existe que pour un seul groupe d'héritiers, que lorsqu'elle existe pour deux ou plusieurs groupes. (142) Dans cette dernière hypothèse, il ne peut se présenter (143) que quatre combinaisons bien connues de tout homme versé dans le droit (successoral) : (144) 1° les deux nombres (celui des parts et celui des héritiers) sont égaux ; 2° l'un est un multiple de l'autre ; 3° ils ont un facteur commun ; (145) 4° ils sont premiers entre eux. Aux savants de vous éclairer en détail sur ces quatre sortes de rapports. (146) Lorsque les deux nombres sont égaux, on opère avec l'un des deux. Lorsque l'un est un multiple de l'autre, on se sert du plus fort. (147) (Lorsque, sans être divisibles l'un par l'autre, ils ont un facteur commun, on divise l'un des deux par ce facteur commun) et on multiplie le second par le quotient obtenu ; puis on opère avec le produit suivant la méthode la plus claire. (148) Quand les deux nombres sont premiers entre eux, on les multiplie l'un par l'autre. (149) Le chiffre obtenu de la manière indiquée pour chacune des quatre hypothèses (savoir : l'un des deux nombres, dans le premier cas, le plus grand dans le second cas, le produit de l'un par le quotient de la division de l'autre par le facteur commun dans le troisième cas, et enfin le produit des deux nombres dans le quatrième cas) donne le nombre de parts à former dans chaque unité de la base de répartition. On retient ce nombre avec le plus grand soin (150) et on s'en sert pour multiplier la base de répartition. On note ensuite le produit obtenu (151) et on opère le partage qui se fait alors exactement, comme tout le monde le sait. (152) Voilà quelques-unes des règles à suivre dans le calcul de répartition (153) pour éviter les longueurs inutiles et les erreurs. Contentez-vous de ces explications qui sont suffisantes.

XX. — De la répartition après décès (d'un ou de plusieurs héritiers)

(S. M. 463-489 ; B. 278-295).

(154) Si l'un des héritiers **meurt** avant le partage de la succession, il faut établir le calcul et déterminer sa quote-part, (155) puis faire, en ce qui concerne sa succession, une seconde répartition d'après les règles indiquées précédemment. (156) Si le nombre de parts obtenu par l'héritier décédé dans la première répartition n'est pas exactement divisible par le dénominateur de la seconde, il faut rechercher si ces deux nombres n'ont pas un facteur commun. (157) Dans le cas de l'affirmative, on prend le quotient de la division du dénominateur de la

seconde répartition par ce facteur commun, (158) et on multiplie avec ce quotient le dénominateur de la première répartition. A défaut de facteur commun, on multiplie le dénominateur de la première répartition par celui de la seconde. (159) Chaque quote-part de la première répartition est multipliée soit par le dénominateur entier de la seconde (s'il n'existe pas de facteur commun), soit par le quotient obtenu en divisant ce dénominateur par le facteur commun. (160) Les quotes-parts de la seconde répartition sont multipliées par la quote-part de l'héritier décédé dans la première (quand il n'y a pas de facteur commun entre cette quote-part et le dénominateur de la seconde), ou, dans le cas contraire, par le quotient obtenu, en divisant le dénominateur de la seconde par le facteur commun. (161) Telle est la méthode du calcul de répartition après décès de l'un des héritiers. Elle vous permettra d'obtenir, si vous la connaissez, un rang élevé dans l'estime des hommes.

XXI. — De l'hermaphrodite incertain

(S. M. 438-446 ; B. 295-313).

(162) Lorsque, parmi les personnes appelées à la succession, il se trouve un hermaphrodite, pour le sexe duquel il y a incertitude bien démontrée, (163) il faut donner à chaque héritier la moindre des

parts (auxquelles il peut prétendre suivant que l'hermaphrodite est considéré comme mâle ou comme femelle), et qui ne saurait lui être contestée. Vous obtiendrez ainsi le partage le plus juste *(a)*. (164) Pour l'absent on procède comme pour l'hermaphrodite, quel que soit le sexe de l'absent. (165) On observe les mêmes règles à l'égard des femmes en état de grossesse (au moment de la mort du mari) : on attribue (à chaque héritier, y compris l'enfant conçu) la moindre des parts à laquelle il peut prétendre et qui lui est due d'une manière certaine.

XXII. — Des personnes noyées, écrasées ou brulées

(S. M. 12-17 ; B. 313-317).

(166) Lorsque plusieurs personnes meurent (écrasées) par un éboulement, ou noyées, ou par suite d'un accident qui les a atteintes ensemble, tel qu'un incendie, (167) et qu'on ignore laquelle est morte la première, aucune d'elles n'est admise à hériter de l'autre. (168) Elles sont considérées comme étrangères l'une à l'autre. Telle est l'opinion la plus logique et la plus exacte.

(a) Le deuxième hémistiche du vers 163 n'est pas le même dans toutes les éditions. J'ai adopté la version du commentaire de Chenchouri تحفة لحف القسمة المبين.

(169) Ici se termine l'exposé que nous nous étions proposé de donner du partage des successions. (170) Nous l'avons présenté sous forme d'indications très concises, en très peu de mots. (171) J'adresse à Dieu, qui m'a permis d'accomplir cette tâche, des louanges sans fin. (172) Je le prie d'excuser mon insuffisance, de remplir toutes mes espérances au jour de la résurrection, (173) de me pardonner les fautes que j'aurai commises, et de couvrir mes imperfections. (174) Que les meilleures bénédictions et le salut s'étendent sur le Prophète, l'Elu, le Noble, (175) Mohammed, la plus parfaite des créatures humaines, et le dernier des prophètes, ainsi que sur son illustre famille, source de toutes les vertus, (176) et sur ses compagnons glorieux, généreux, purs, grands, incomparables.

www.ingramcontent.com/pod-product-compliance
Ingram Content Group UK Ltd.
Pitfield, Milton Keynes, MK11 3LW, UK
UKHW020355250726
13967UKWH00005B/2305

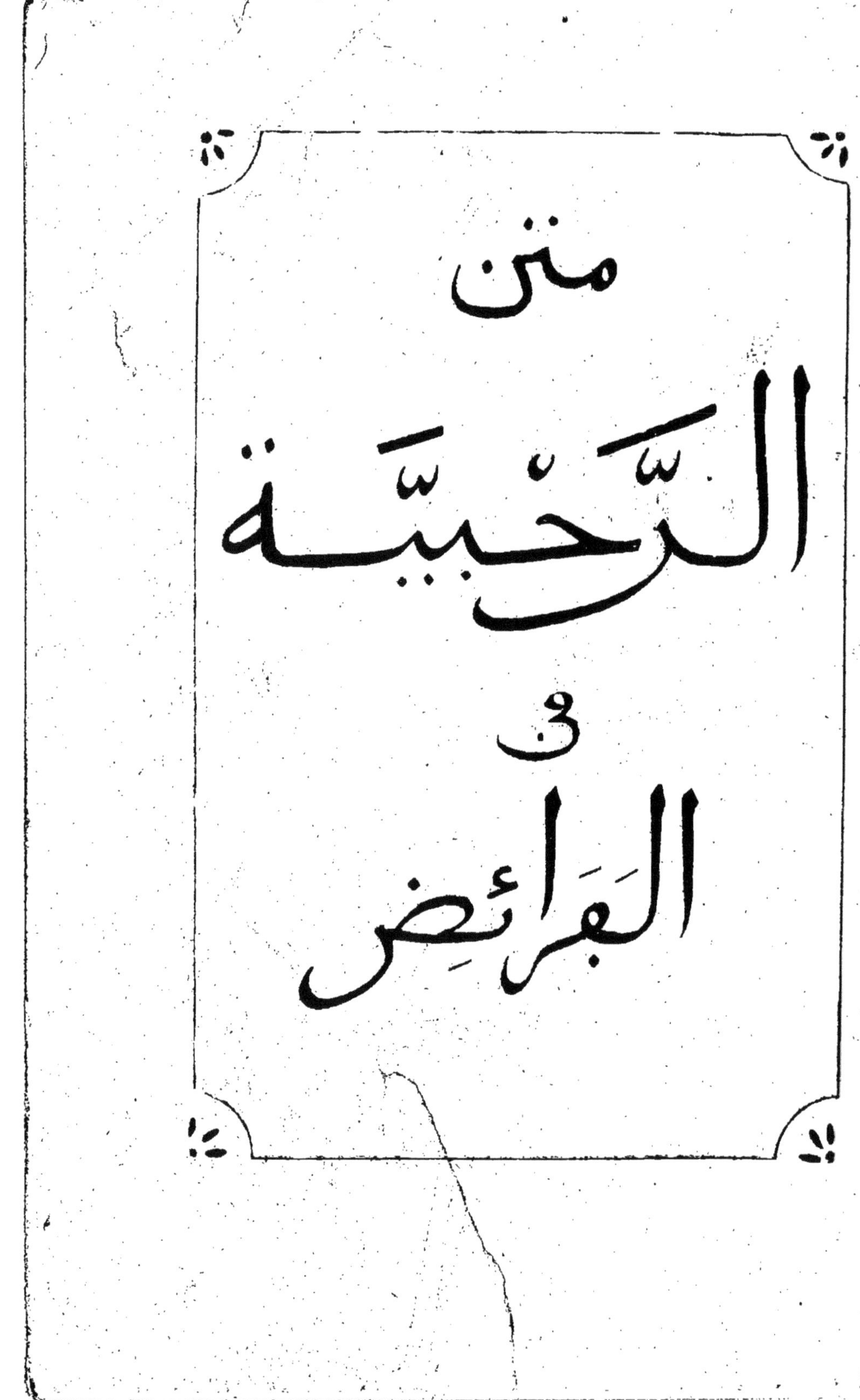
متن
الرَّحْبِيَّة
في
الفَرائِض

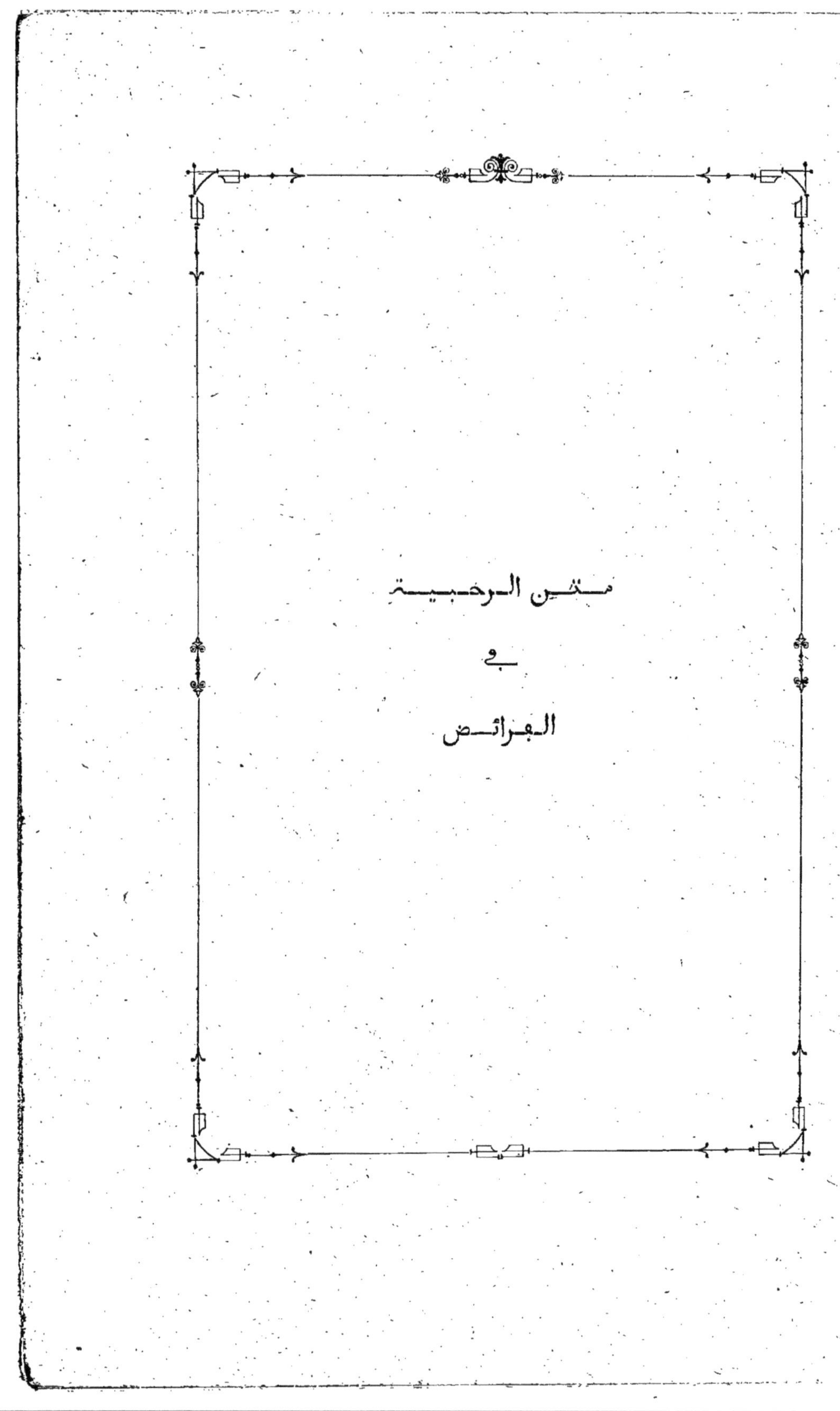

متن الرحبية

في

الفرائض

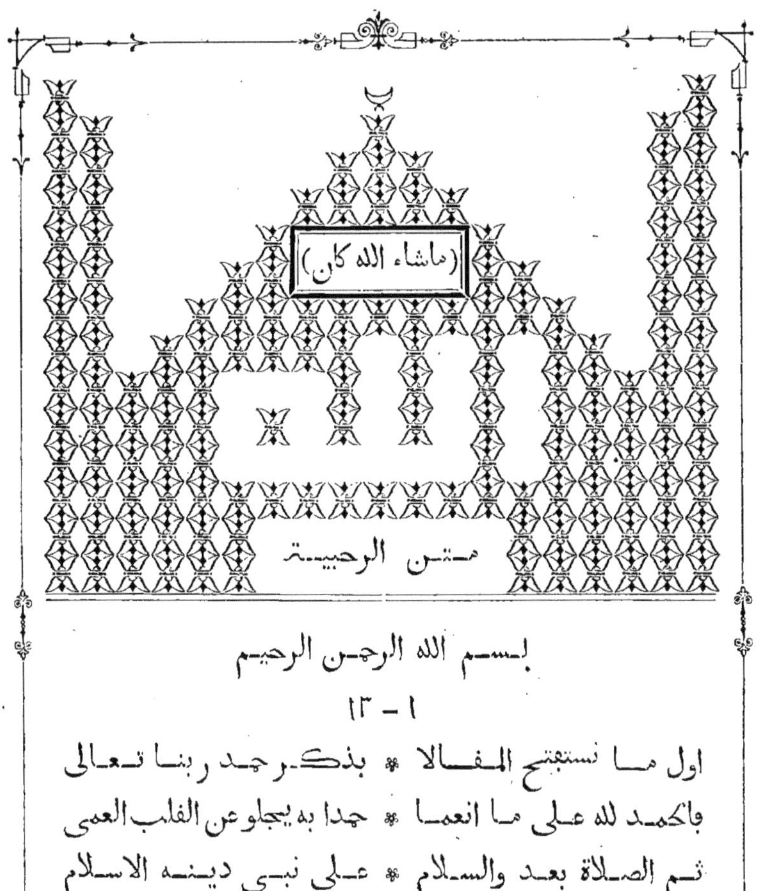

بسم الله الرحمن الرحيم

١ – ١٣

اول ما نستفتح المقالا * بذكر حمد ربنا تعالى
فالحمد لله على ما انعما * حمدا به يجلو عن القلب العمى
ثم الصلاة بعد والسلام * على نبي دينه الاسلام
محمد خاتم رسل ربه * واله من بعده وصحبه
ونسال الله لنا الاعانه * فيما توخينا من الابانه
عن مذهب الامام زيد الفرضي * اذ كان ذاك من اهم الغرض
علما بان العلم خير ما سعى * فيه واولى ماله العبد دعى
وان هذا العلم مخصوص بما * قد شاع فيه عند كل العلما

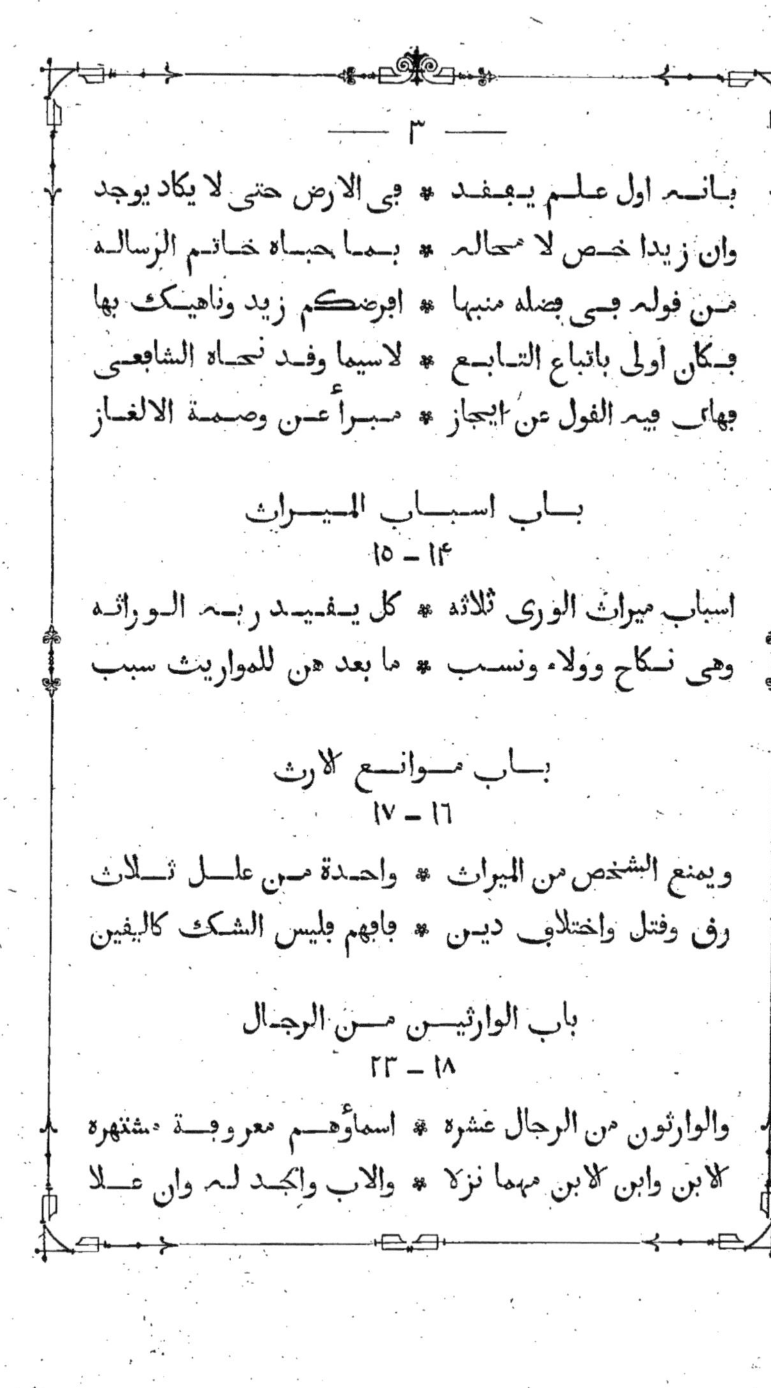

بانه اول علم يفقد * في الارض حتى لا يكاد يوجد
وان زيدا خص لا محاله * بما حباه خاتم الرساله
من قوله في فضله منبها * افرضكم زيد وناهيك بها
فكان اولى باتباع التابع * لاسيما وقد نحاه الشافعي
فهاك فيه القول عن ايجاز * مبرأ عن وصمة الالغاز

باب اسباب الميراث

١٤ - ١٥

اسباب ميراث الورى ثلاثه * كل يفيد ربه الوراثه
وهي نكاح وولاء ونسب * ما بعدهن للمواريث سبب

باب موانع الارث

١٦ - ١٧

ويمنع الشخص من الميراث * واحدة من علل ثلاث
رق وقتل واختلاف دين * فافهم فليس الشك كاليقين

باب الوارثين من الرجال

١٨ - ٢٣

والوارثون من الرجال عشره * اسماؤهم معروفة مشتهره
الابن وابن الابن مهما نزلا * والاب والجد له وان علا

والاخ من اى الجهات كانا * قد انزل الله به القرآنا
وابن الاخ المدلى اليه بالاب * واسمع مقالا ليس بالمكذب
والعم وابن العم من ابيه * واشكر لذى الايجاز والتنبيه
والزوج والمعتق ذو الولاء * فجملة الذكور هولاء

باب الوارثات من النساء
٢٤ – ٢٦

والوارثات من النساء سبع * لم يعط انثى غيرهن الشرع
بنت وبنت ابن وام مشفقه * وزوجة وجدة ومعتقه
والاخت من اى الجهات كانت * فهذه عدتهن بانت

باب الفروض المقدرة فى كتاب الله تعالى
٢٧ – ٣٠

واعلم بان الارث نوعان هما * فرض وتعصيب على ما قسما
فالفرض فى نص الكتاب سته * لا فرض فى الارث سواها البته
نصف وربع ثم نصف الربع * والثلث والسدس بنص الشرع
والثلثان وهما التمام * فاحفظ فكل حافظ امام

باب النصف
٣١ – ٣٣

والنصف فرض خمسة افراد * الزوج والانثى من الاولاد

وبنت الابن عند فقد البنت * والاخت في مذهب كل مفتي
وبعدها الاخت التي من الاب * عند انفرادهن عن معصب

بـــاب الـــربـــع
٣٤ ـ ٣٦

والربع فرض الزوج ان كان معه * من ولد الزوجة من قد منعه
وهو لـكل زوجة او اكثـــرا * مـــع عدم الاولاد فيمـا قدرا
وذكر اولاد البنين يعتمد * حيث اعتمدنا القول في ذكر الولد

بـــاب الـثـمـــن
٣٧ ـ ٣٨

والثمن للزوجة والزوجات * مـــع البنيـن او مـــع البنات
اومع اولاد البنيـن فاعلـم * ولاتظن الجمـــع شرطا فافهم

بـــاب الثلـثيـــن
٣٩ ـ ٤٢

والثلثـــان للبنات جمعـــا * ما زاد عـــن واحدة فسمعـــا
وهو كذاك لبنات الابـــن * فافهم مقالي فهم صافي الذهن
وهـــو للاختين فما يزيـــد * قضى بـــه الاحرار والعبيد
هـــذا اذا كـــن لام واب * اولاب فاعمـــل بهذا تصـــب

باب الثلث

٤٣ ـ ٥٠

والثلث فرض الام حيث لا ولد * ولا من الاخوة جمع ذو عدد
كاثنين او ثنتين او ثلاث * حكم الذكور فيه كالاناث
ولا ابن ابن معها او بنته * ففرضها الثلث كما بينته
وان يكن زوج وام واب * فثلث الباقي لها مرتب
وهكذا مع زوجة فصاعدا * فلا تكن عن العلوم قاعدا
وهو للاثنين او ثنتين * من ولد الام بغير مين
وهكذا ان كثروا او زادوا * فما لهم فيما سواه زاد
ويستوى الاناث والذكور * فيه كما قد اوضح المسطور

باب السدس

٥١ ـ ٧٢

والسدس فرض سبعة من العدد * اب وام ثم بنت ابن وجد
والاخت بنت الاب ثم الجده * وولد الام تمام العده
فالاب يستحقه مع الولد * وهكذا الام بتنزيل الصمد
وهكذا مع ولد الابن الذي * مازال يقفو اثره ويحتذى
وهو لها ايضا مع الاثنين * من اخوة الميت فقس هذين
والجد مثل الاب عند فقده * فى حوز ما يصيبه ومده

الا اذا كان هناك اخوه * لكونهم فى القرب وهو اسوه
او ابوان معهما زوج ورث * فالام للثلث مع الجد ترث
وهكذا ليس شبيها بالاب * فى زوجة الميت وام واب
وحكمه وحكمهم سياتى * مكمل البيان فى الحالات
وبنت الابن تاخذ السدس اذا * كانت مع البنت مثالا يحتذى
وهكذا الاخت مع الاخت التى * بالابوين يا اخى ادلت
والسدس فرض جدة فى النسب * واحدة كانت لام واب
وولد الام ينال السدسا * والشرط فى افراده لا ينسى
وان تساوى نسب الجدات * وكن كلهن وارثات
فالسدس بينهن بالسويه * فى القسمة العادلة الشرعيه
وان تكن قربى لام حجبت * ام اب بعدى وسدسا سلبت
وان تكن بالعكس فالقولان * فى كتب اهل العلم منصوصان
لا تسقط البعدى على الصحيح * واتفق الجل على التصحيح *
وكل من ادلت بغير وارث * فما لها حظ من الموارث
وتسقط البعدى بذات القرب * فى المذهب الاولى فقل لى حسبى
وقد تناهت قسمة الفروض * من غير اشكال ولا غموض

باب التعصيب

٧٣ ـ ٨٣

وحق ان نشرع فى التعصيب * بكل قول موجز مصيب

فكل من احرز كل المال * من القرابات او الموالى
اوكان ما يفضل بعد الفرض له * فهو اخو العصوبة المفضلة
كالاب والجد وجد الجد * والابن عند قربه والبعد
والاخ وابن الاخ والاعمام * والسيد المعتق ذى الانعام
وهكذا بنوهم جميعا * فكن لما اذكره سميعا
وما لذى البعدى مع القريب * فى الارث من حظ ولا نصيب
والاخ والعم لام واب * اولى من المدلى بشطر النسب
والابن والاخ مع الاناث * يعصبانهن فى الميراث
والاخوات ان تكن بنات * فهن معهن معصبات
وليس فى النساء طرا عصبة * الا التى منت بعتق الرقبة

باب الحجب

٨٤ – ٩٦

والجد محجوب عن الميراث * بالاب فى احواله الثلاث
وتسقط الجدات من كل جهة * بالام فافهمه وقس ما اشبهه
وهكذا ابن الابن بالابن فلا * تبغ عن الحكم الصحيح معدلا
وتسقط الاخوة بالبنينا * وبالاب الادنى كما روينا
او ببنى البنين كيف كانوا * سيان فيه الجمع والوحدان
ويفضل ابن الام بالاسقاط * بالجد فافهمه على احتياط

وبالبنات وبنات الابن * جمعا ووحدانا فقل لى زدنى
ثم بنات الابن يسقطن متى * حاز البنات الثلثين ياوفى
الا اذا عصبهن الذكر * من ولد الابن على ما ذكروا
ومثلهن الاخوات اللاتى * يدلين بالقرب من الجهات
اذا اخذن فرضهن وافيا * اسقطن اولاد الاب البواكيا
وان يكن اخ لهن حاضرا * عصبهن باطنا وظاهرا
وليس ابن الاخ بالمعصب * من مثله او فوقه فى النسب

باب المشتركة

٩٧ – ١٠٠

وان تجد زوجا واما ورثا * واخوة للام حازوا الثلثا
واخوة ايضا لام واب * واستغرقوا المال بفرض النصب
فاجعلهم كلهم لام * واجعل اباهم حجرا فى اليم
واقسم على الاخوة ثلث التركه * فهذه المسئلة المشتركه

باب الجد والاخوة

١٠١ – ١١٤

ونبتدى الان بما اردنا * فى الجد والاخوة اذ وعدنا
فالق نحو ما اقول السمعا * واجمع حواشى الكلمات جمعا

واعلم بان الجد ذو احوال * انبيك عنهن على التوالى
يقاسم الاخوة فيهن اذا * لم يعد القسم عليه بالاذى
فتارة ياخذ ثلثا كاملا * ان كان بالقسمة عنه نازلا
ان لم يكن هناك ذو سهام * فاقنع بايضاحى عن استفهام
وتارة ياخذ ثلث الباقى * بعد ذوى الفروض والارزاق
هذا اذا ماكانت المقاسمه * تنقصه عن ذاك بالمزاحمه
وتارة ياخذ سدس المال * وليس عنه نازلا بحال
وهو مع الاناث عند القسم * مثل اخ فى سهمه والحكم
الا مع الام فلا يحجبها * بل ثلث المال لها يصحبها
واحسب بنى الاب لدى الاعداد * وارفض بنى الام مع الاجداد
واحكم على الاخوة بعد العد * حكمك فيهم عند فقد الجد
واسقط بنى الاخوة بالاجداد * حكما بعدل ظاهر الارشاد

باب الاكدرية

١١٥ – ١١٩

والاخت لافرض مع الجدلها * فيما عدا مسئلة كملها
زوج وام وهما تمامها * فاعلم فخير امة علامها
تعرف ياصاح بالاكدريه * وهى بان تعرفها حريه
فيفرض النصف لها والسدس له * حتى تعول بالفروض المجمله

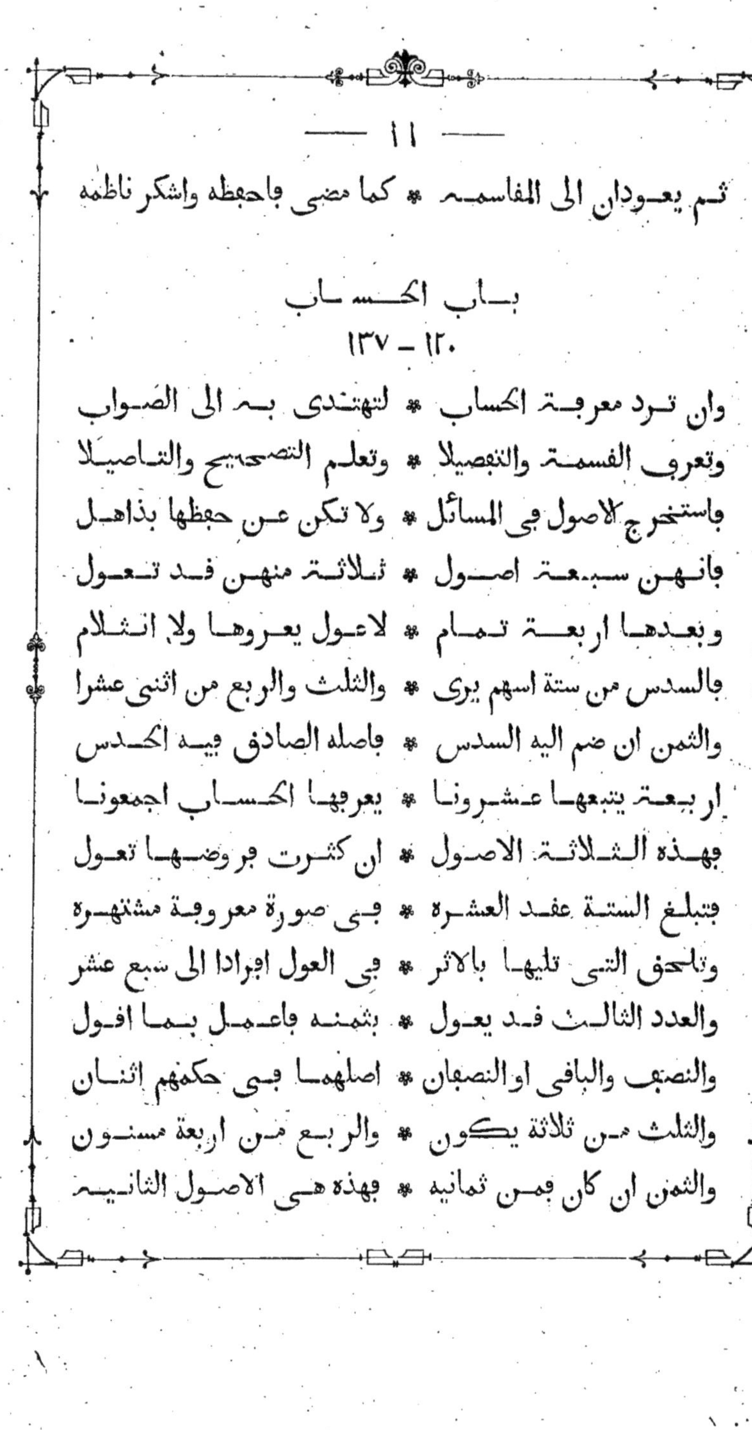

ثم يعودان الى المقاسمه * كما مضى فاحفظه واشكر ناظمه

باب الحساب

١٢٠ ـ ١٣٧

وان ترد معرفة الحساب * لتهتدى به الى الصواب
وتعرف القسمة والتفصيلا * وتعلم التصحيح والتاصيلا
فاستخرج الاصول فى المسائل * ولا تكن عن حفظها بذاهل
فانهن سبعة اصول * ثلاثة منهن قد تعول
وبعدها اربعة تمام * لاعول يعروها ولا انثلام
فالسدس من ستة اسهم يرى * والثلث والربع من اثنى عشرا
والثمن ان ضم اليه السدس * فاصله الصادق فيه الحدس
اربعة يتبعها عشرونا * يعرفها الحساب اجمعونا
فهذه الثلاثة الاصول * ان كثرت فروضها تعول
فتبلغ الستة عقد العشره * فى صورة معروفة مشتهره
وتلحق التى تليها بالاثر * فى العول افرادا الى سبع عشر
والعدد الثالث قد يعول * بثمنه فاعمل بما اقول
والنصف والباقى او النصفان * اصلهما فى حكمهم اثنان
والثلث من ثلاثة يكون * والربع من اربعة مسنون
والثمن ان كان فمن ثمانيه * فهذه هى الاصول الثانيه

لا يدخل العول عليها فاعلم * ثم اسلك التصحيح فيها واقسم
وان تكن من اصلها تصح * فترك تطويل الحساب ربح
فاعط كلا سهمه من اصلها * مكملا او عائلا من عولها

باب السهام

١٣٨ - ١٥٣

وان ترى السهام ليست تنقسم * على ذوى الميراث فاتبع ما رسم
واطلب طريق الاختصار فى العمل * بالوفق والضرب يجانبك الزلل
واردد الى الوفق الذى يوافق * واضربه فى الاصل فانت الحاذق
ان كان جنسا واحدا او اكثرا * فاتبع سبيل الحق واطرح المرا
وان ترى الكسر على اجناس * فانها فى الحكم عند الناس
تحصر فى اربعة اقسام * يعرفها الماهر فى الاحكام
مماثل من بعده مناسب * وبعده موافق مصاحب
والرابع المباين المخالف * ينبيك عن تفصيلهن العارف
فخذ من المماثلين واحدا * وخذ من المناسبين الزائدا
واضرب جميع الوفق فى الموافق * واسلك بذاك انهج الطرايق
وخذ جميع العدد المباين * واضربه فى الثانى ولا تداهن
فذاك جزء السهم فاحفظنه * واحذر هديت ان تزيغ عنه

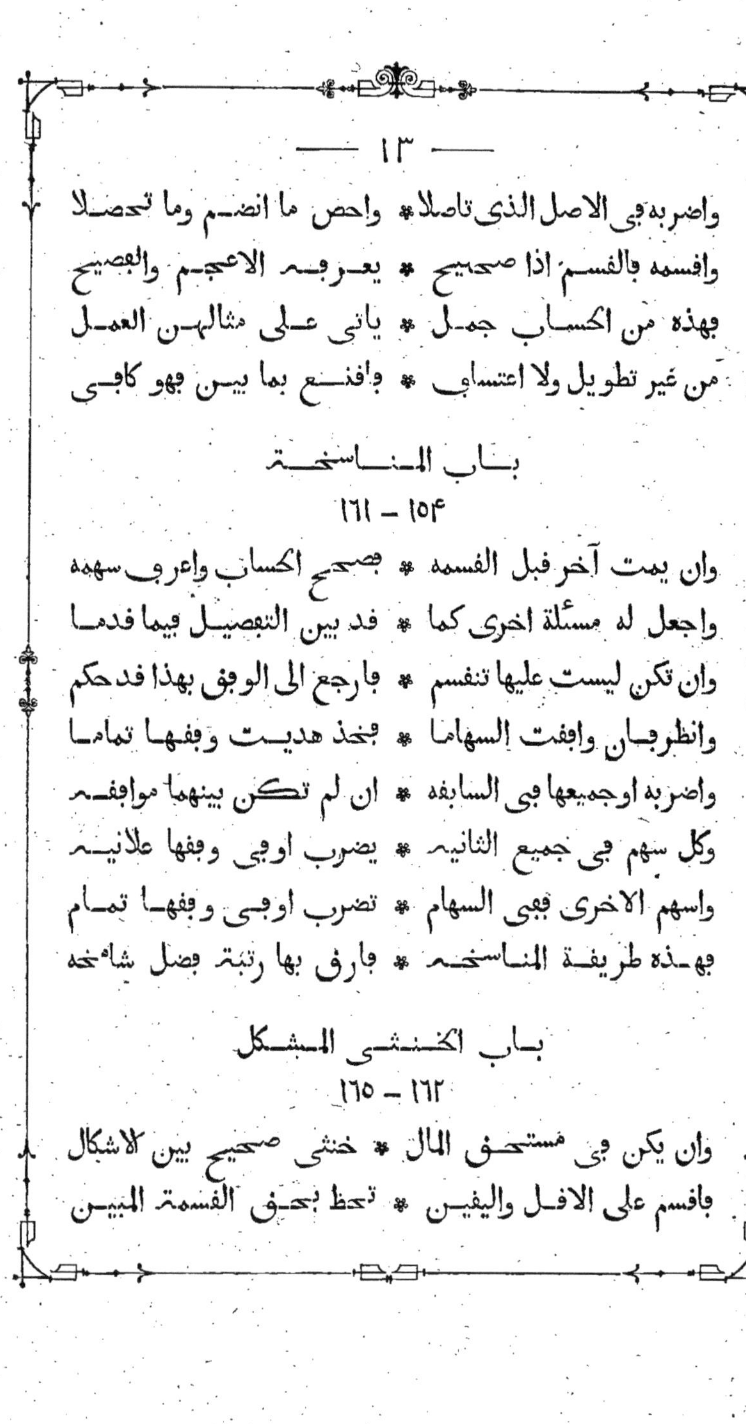

واضربه فى الاصل الذى تاصلا * واحص ما انضم وما تحصلا
واقسمه فالقسم اذا صحيح * يعرفه الاعجم والفصيح
فهذه من الحساب جمل * ياتى على مثالهن العمل
من غير تطويل ولا اعتساف * فاقنع بما بين فهو كافى

باب المناسخة

١٥٤ - ١٦١

وان يمت آخر قبل القسمه * فصحح الحساب واعرف سهمه
واجعل له مسئلة اخرى كما * قد بين التفصيل فيما قدما
وان تكن ليست عليها تنقسم * فارجع الى الوفق بهذا قد حكم
وانظر فان وافقت السهاما * فخذ هديت وفقها تماما
واضربه اوجميعها فى السابقه * ان لم تكن بينهما موافقه
وكل سهم فى جميع الثانيه * يضرب اوفى وفقها علانيه
واسهم الاخرى ففى السهام * تضرب اوفى وفقها تمام
فهذه طريقة المناسخه * فارق بها رتبة فضل شامخه

باب الخنثى المشكل

١٦٢ - ١٦٥

وان يكن فى مستحق المال * خنثى صحيح بين الاشكال
فاقسم على الاقل واليقين * تحظ بحق القسمة المبين

واحكم على المفقود حكم الخنثى * ان ذكرا كان او هو انثى
وهكذا حكم ذوات الحمل * فابن على اليقين والاقل

باب الغرقى والهدمى والحرقى

١٦٦ – ١٧٦

وان يمت قوم بهدم اوغرق * اوحادث عم الجميع كالحرق
ولم يكن يعلم حال السابق * فلا تورث زاهقا من زاهق
وعدهم كانهم اجانب * فهكذا القول السديد الصائب
وقد اتى القول على ما شئنا * من قسمة الميراث اذ بينا
على طريق الرمز والاشاره * ملخصا باوجز العباره
فالحمد لله على التمام * حمدا كثيرا تم في الدوام
اساله العفو عن التقصير * وخير ما نامل في المصير
وغفر ما كان من الذنوب * وستر ما شان من العيوب
وافضل الصلاة والتسليم * على النبي المصطفى الكريم
محمد خير الانام العاقب * وآله الغر ذوى المناقب
وصحبه الاماجد الابرار * الصفوة الاكابر الاخيار